¿Por qué vivimos en comunidad?

Eberhard Arnold

con dos charlas interpretativas de Thomas Merton

Prólogo de Peter Stucky

Traducción de Claudia Amengual

Plough

Publicado por Plough Publishing House
Walden, Nueva York
Robertsbridge, Inglaterra
Elsmore, Australia
www.plough.com

La presente traducción al español es una traducción de *Why We Live in Community*,
traducción al inglés del original en alemán *Warum wir in Gemeinschaft leben*, un
ensayo publicado en la revista de Eberhard Arnold *Die Wegwarte*, ediciones I:10/11
(Octubre/Noviembre, 1925) y III:8/9 (Mayo/Junio, 1927), en Sannerz, Alemania.
Dicha traducción al inglés está basada en otra traducción al inglés del texto de 1925,
publicada en *Plough Quarterly* 18 (Otoño, 2018).

Las citas bíblicas en el texto de Eberhard Arnold corresponden a la versión Reina
Valera Actualizada (2015). Las de los textos de Thomas Merton corresponden a la
versión Bíblia de Jerúsalen (1975).

Primera edición en inglés: 1967
Segunda edición en inglés: 1976
Tercera edición en inglés: 1995
Primera edición en español: 2023

ISBN (softcover): 978-1-63608-059-8
ISBN (ebook): 978-1-63608-060-4

Library of Congress Cataloging-in-Publication Data

Names: Arnold, Eberhard, 1883-1935. author. | Merton, Thomas, 1915-1968.
    writer of afterword.
Title: ¿Por qué vivimos en comunidad? / de Eberhard Arnold ; con dos
    charlas interpretativas de Thomas Merton ; prólogo de Pedro Stucy.
Other titles: Warum wir in Gemeinschaft leben. Spanish
Description: Primera edición en español. | Walden, Nueva York : Plough
    Publishing, 2022. | Translation of: Warum wir in Gemeinschaft leben. |
    Includes bibliographical references.
Identifiers: LCCN 2022030567 (print) | LCCN 2022030568 (ebook) | ISBN
    9781636080598 (softcover) | ISBN 9781636080604 (ebook)
Subjects: LCSH: Christian communities. | Bruderhof Communities.
Classification: LCC BV4405 .A7618 2022 (print) | LCC BV4405 (ebook) | DDC
    255--dc23/eng/20220815
LC record available at https://lccn.loc.gov/2022030567
LC ebook record available at https://lccn.loc.gov/2022030568

No queremos que nos copien ni que nos imiten. Queremos ser como un barco que ha cruzado el océano dejando una estela de espuma que pronto se desvanece. Queremos que ustedes sigan al Espíritu que nosotros hemos intentado seguir, algo que cada generación debe intentar de nuevo.

Primera generación de cuáqueros en Balby, York, a finales del siglo XVII

Imagen en la portada

El diseño de tres peces entrelazados en una forma circular se basa en un símbolo cristiano primitivo de la Trinidad. Fue creado por Rudolf Koch (1878–1934), un amigo de Eberhard Arnold.

Índice

Prólogo *a la edición latinoamericana*

Eberhard Arnold, en este pequeño escrito de 1925 «¿Por qué vivimos en comunidad?», que felizmente la comunidad Bruderhof actual pone a disposición de lectores de este siglo, nos ha dejado un legado de una amplitud y profundidad que difícilmente digerimos. Es menester volver una y otra vez sobre los párrafos de este pequeño testimonio para masticarlo, entenderlo y asimilarlo. Indudablemente, es una joya valiosísima para todas las personas que desean conocer de la vida en comunidad, comparar su propio pensamiento y experiencia, y avanzar en su propia vida comunitaria.

Lo importante aquí es que Arnold no escribía solo de la teoría, sino de la práctica de sus propias vivencias como individuo, líder, pareja y familia durante cinco años de vida comunitaria. Ya en esa época eran treinta las personas que se habían integrado a la pequeña isla de fe, esperanza y testimonio, en la Alemania del período de entreguerras. Alemania era una nación sumida en la pobreza, la derrota y depresión, y la inflación desbordada, lo que la hacía tierra fértil para propuestas extremas de solución como el nacionalismo excluyente y el comunismo incipiente en el mundo. Allí las dos corrientes mayoritarias religiosas, la luterana y la católica-romana, estaban tan acomodadas y amarradas al *establishment* que difícilmente se podría encontrar propuestas o prácticas proféticas y alternativas.

Obviamente, al salir de Berlín unos trescientos sesenta kilómetros, para asentarse en la aldea de Sannerz y formar una comunidad de vida y amor, Eberhard y Emmy no pretendían solucionar la situación de Alemania ni del mundo. Tenían claro que la solución no era adueñarse de las riendas de poder político y secular (cosa que tampoco les era posible), pues así caerían en la misma dinámica de coerción que ejerce el poder militar y económico, y cederían a la ambición que afecta a quienes siguen esa vía y que han traído tanto sufrimiento y miseria a la humanidad.

La propuesta de los Arnold y su pequeña comunidad es netamente cristiana; está centrada en Jesús de Nazaret, humano e Hijo de Dios, crucificado, resucitado y ascendido a la derecha de Dios Padre. Este Jesús, que en su vida y enseñanza en la tierra mostró la voluntad de Dios para los humanos y la sociedad, es no solo principio y paradigma para Arnold y todos los cristianos y cristianas, sino el modelo de justicia y dignidad para la persona y el camino para alcanzarlos.

Este modelo excluye la ambición, el poder coercitivo, la violencia, el engrandecimiento personal y cosas parecidas. Más bien ejerce la compasión y misericordia, la entrega y la humildad en servicio a sus semejantes; e invita a las personas a adoptar voluntariamente estos valores en sus relaciones humanas y vivirlas consciente e intencionalmente. Pero como bien señala Arnold, esto no es posible con nuestro propio esfuerzo, ni mucho menos obligados, sino por la fuerza del espíritu de Dios que habita en la voluntad y en el interior de cada individuo; como escribe el apóstol Pablo: «el querer como el hacer» de la voluntad de Dios.

Para América Latina, donde abundan todo tipo de problemas y propuestas, el escrito de Arnold es particularmente pertinente. Identifica los pecados que nos aquejan que son comunes a las personas y a las sociedades, y se pone al lado de los explotados, débiles y marginados de la sociedad. Reconoce el anhelo tan profundo de la humanidad de encontrar comunidad de vida, donde se compartan los recursos generosos de Dios. Estos anhelos conllevan esfuerzos muy variados, que Arnold ve como válidos pero insuficientes e incompletos. Es verdad, pues el entusiasmo con las ideologías, propuestas y modelos políticos y económicos, y además las demagogias, que no faltan, nos han dejado desilusionados y advertidos que son sirenas que llaman, pero nos llevan a las rocas del fracaso y la frustración.

Por eso volvemos a la propuesta de Jesús, de la comunidad de amor, que se forma y construye sobre él y se edifica pacientemente por la obra de su espíritu en mujeres, hombres, jóvenes, niñas y niños que aprenden de él y se ayudan mutuamente en la vida de la iglesia a corregir sus fallas; se escuchan el uno al otro; comparten el liderazgo; viven en libertad y respeto mutuo; se soportan; velan por el bienestar de cada persona, y viven en la alegría de la presencia de Dios y la esperanza de la plenitud de su reino.

Es relevante en América Latina el escrito de Arnold porque arroja luz sobre nuestras prácticas y modelos eclesiales, los cuales muchas veces están preocupados por su tamaño, su músculo económico y político, su conducción unipersonal y la imposición de ideologías que, en vez de apoyar la vida compartida, estimulan el egoísmo.

¿Por qué vivimos en comunidad? Porque es lo que Dios quiere para la humanidad. Arnold y la comunidad Bruderhof —que se ha formado y extendido desde hace un siglo— son claros en que hay muchas maneras de vivir este llamado de Dios y que el asunto no es insistir en un solo modelo, ni siquiera el modelo que ha escogido el Bruderhof. Más bien, somos llamados a ser comunidades de amor, fe, justicia y esperanza, basadas en el fundamento único que es Jesucristo como lo conocemos en las escrituras e impulsadas por el Espíritu Santo a orar y trabajar para que se haga la voluntad de Dios aquí en la tierra como se hace en el cielo.

Peter (Pedro) Stucky
Bogotá, Colombia
Enero de 2022

Prólogo a la edición en inglés

Hay algo lapidario en la declaración de Eberhard Arnold acerca de la comunidad. Está claramente cincelada en el sólido granito de la fe. No nos ahorra la angustia de un mundo que fracasa tan horriblemente en la vida en comunidad, incluidas las comunidades de fe. Nuestras heridas abiertas nos confrontan. Arnold se sitúa inequívocamente junto a la opción de la iglesia por los pobres, la opción de nuestro divino Fundador. Para él, la comunidad es nuestro modo de decir un «sí» existencial a Dios y su creación, a nuestra propia naturaleza y a nuestra predestinación, una predestinación que solo acontecerá —por designio de Dios— si trabajamos por ella y si lo hacemos juntos.

En un mundo donde la brecha entre los que tienen y los que no tienen está volviéndose cada vez más ancha necesitamos de nuevo confrontarnos enérgica y constantemente con los ideales de la comunidad cristiana primitiva. Es, sin duda, un escándalo cuando una persona que se declara discípulo de Jesús se va a dormir con el estómago lleno y con comida en su despensa, en tanto cerca de él otro ser humano pasa hambre. Es, sin duda, un escándalo cuando una persona se declara discípulo de Jesús y emplea los talentos que Dios le ha dado solo para aumentar su propia riqueza, en tanto hay padres que piden a gritos una oportunidad para ganarse la vida y así mantener a sus hijos. Es posible que las comunidades eclesiales pudieran iluminar más eficazmente dichas conciencias ignorantes si reformaran y renovaran la poderosa sacramentalidad que Arnold nos recuerda.

Puede que sea difícil para los cristianos de hoy escuchar el constante recordatorio de Arnold acerca de que la plenitud de la vida, que solo se encuentra en la comunidad, sobreviene a costa del autosacrificio completo. Y, sin embargo, ese es el misterio pascual de la vida a través de la muerte. Es un sacrificio impregnado de alegría. Arnold resalta la verdadera paradoja, tan esencial para una comunidad animada, aunque tan difícil de alcanzar: el requisito de que cada miembro viva una decisión personal de entregarse al todo y, además, ejerza su voluntad de hacer el bien. El secreto que subyace a esto es, por supuesto, el Espíritu Santo, un secreto que un mundo sin fe no puede conocer y la razón por la que tantos esfuerzos por constituir comunidades terminan en desastre, con personas profundamente heridas que sienten que han sido traicionadas. Una comunidad animada por el Espíritu necesariamente se centra en Cristo. Conoce la lucha por la liberación en Cristo y, por lo tanto, vive en la esperanza de la resurrección. Es una comunidad de amor universal, una levadura en la familia humana. El Espíritu ingresa en una comunidad cuando, a través del anhelo común de sus miembros, la comunidad se abre y se dispone a ser conducida por el Espíritu.

Arnold habla con claridad acerca del espíritu de la Reforma cuando formula un llamamiento a «aquellos que son llamados», y su llamamiento se hace eco en el de Agustín, Benito, Bernardo, Francisco, Ignacio y Don Bosco. Cualquiera que sepa cómo la vida de la iglesia ha sido continuamente enriquecida por estos líderes carismáticos y las comunidades que fundaron (y que ellos continúan inspirando a través de los siglos) no puede sino lamentar que su legado no haya sido más valorado. Las comunidades cristianas que viven en esta época de renovación vital obtendrán una rica inspiración del penetrante análisis de Arnold acerca de aquello a lo que realmente nos llama una comunidad animada por el Espíritu.

Es precisamente esto lo que Thomas Merton intentaba que las hermanas del Monasterio de la Preciosísima Sangre en Alaska hicieran, al igual que todos nosotros que leemos sus palabras. Merton era, sin lugar a duda, un monje sensato y, aunque parezca un juego de palabras, resultaba sencillo congeniar con su genialidad. Con una lucidez penetrante, captura y describe la esencia del pensamiento de Arnold. Merton nos convoca junto con Arnold, Gandhi y Martin Luther King al elevado plan del Espíritu, al reino del amor; no a un ideal, sino al amor práctico y real por el que estos hombres vivieron y murieron.

El pensamiento de Merton expresado en sus dos charlas acerca de Arnold —incluidas al final de este libro— es de alto alcance. Con una claridad aguda sitúa a Arnold en el contexto histórico y luego procede a citar textualmente fragmentos de su ensayo magistral. Merton no duda en hacer su crítica en aquellos casos donde siente que Arnold ha exagerado su argumentación, pero de inmediato procede a matizar su opinión mostrando la validez del pensamiento subyacente de Arnold y su conclusión definitiva. Al igual que Arnold, Merton es totalmente cristocéntrico. Su comprensión integral de la cristología paulina y la facilidad con la que la entreteje en su exposición resultan admirables. Con un estilo directo proclama el hecho de que la comunidad es la victoria del amor sobre la muerte, vivida —por personas comunes— en unión con Cristo, por la gracia de su victoria.

Merton y Arnold hacen énfasis en que la gente común puede vivir la victoria de la comunidad, aunque no por su propio esfuerzo; solo es posible a través de la obra de Dios en y entre ellos. Es necesario que veamos esto con claridad. Si no lo hacemos, no podemos enfrentar el mal que está en nosotros y que va en contra de la comunidad. Dejamos que nos descorazone y nos rendimos en nuestro intento de vivir comunitariamente, o lo reprimimos y nos relacionamos de un modo superficial y falso que nunca permite la realización de una comunidad verdadera. Es en los pecadores pobres, débiles y tontos donde Cristo encuentra su regocijo y su gloria al traerlos a una unidad amorosa a través de la acción de su Espíritu. Como dice Merton, «Lo principal es que construimos comunidad no sobre la base de nuestro amor, sino sobre el amor de Dios». En medio del conflicto, nuestra pregunta no debería ser quién tiene razón, sino si creemos. «La fe está primero y el único que tiene razón es Dios».

Estoy seguro de que Arnold sentiría regocijo al saber que el escritor católico más importante del siglo XX estaba en una armonía tan completa con él en lo que respecta a su pensamiento, una armonía que se derramaba en la vida, puesto que Merton llevaba una existencia monástica al estilo antiguo y tradicional, que incorpora para los célibes todos los valores e ideales que Arnold consideraba tan preciosos y esenciales para una verdadera comunidad cristiana. Merton —un monje que pertenecía a una orden que se autodefinía como caracterizada por el espíritu de la simplicidad— comprendía bien el canto al trabajo y la vida simple de Arnold.

Cuando vemos que gigantes espirituales como Thomas Merton y Eberhard Arnold alcanzan lo que en tiempos pasados parecía ser una brecha insalvable, no solo nos sentimos inspirados. Vemos cómo y por qué hemos llegado tan lejos como hemos llegado hoy, y podemos armarnos de valor para soñar los sueños que antes no nos animábamos a soñar. Puesto que a través de los tiempos algunas figuras proféticas se han animado a proclamar, «Yo tengo un sueño», también nosotros tenemos un sueño, un sueño que se está haciendo realidad. Aún tenemos un largo trecho por recorrer, pero es el alimento sólido para el camino como este pan que Arnold nos sirvió primero en el desierto lo que nos da la fuerza para continuar hacia el objetivo: la realización plena de la solidaridad humana en Jesucristo. Por cuanto somos compelidos por el propio espíritu de Jesús, quien insufla su aliento profundamente y se expresa a través de las palabras estimulantes de unos hombres que no temieron exponerse a ese espíritu incontenible.

M. Basil Pennington O.C.S.O.
1995

¿Por qué vivimos en comunidad?

Eberhard Arnold

En 1920, Eberhard, su esposa Emmy y sus cinco hijos se mudaron de Berlín a Sannerz, una aldea en Alemania central, donde fundaron una pequeña comunidad de familias y personas solteras basada en las prácticas de la iglesia primitiva tal como se describen en el Nuevo Testamento. Cinco años más tarde escribió este ensayo.

La vida en comunidad

La vida en comunidad —vivir y trabajar juntos— es nada menos que una necesidad para nosotros. Es un deber ineludible que determina todo lo que hacemos y pensamos.

Nuestros propios planes y esfuerzos no han sido decisivos para que eligiéramos vivir de este modo. En lugar de eso, hemos sido aprehendidos por una certeza, una certeza que tiene su origen y su poder en la fuente de cada necesidad, una fuente capaz de transformar toda compulsión. Esta fuente toma cualquier cosa que luzca como una necesidad y la arrolla con un poder superior. Lo confesamos: esta fuente, este poder es Dios.

Fe y comunidad

Dios es la fuente de la vida. En él y a través de él nuestra vida común es construida y guiada una y otra vez a través de luchas intensas hasta la victoria definitiva. En una vida así, uno buscará en vano un paraíso placentero de confort humano o la realización de anhelos románticos; mucho menos satisfará cualquier deseo egoísta de felicidad personal. No, este es un camino dedicado a la voluntad incondicional de amar, un camino que participa de la propia voluntad de comunidad de Dios. Es un camino sumamente peligroso, un camino de profundo sufrimiento, que conduce directamente a la lucha por la existencia y a una vida de esfuerzo, a todas las dificultades creadas por la condición humana. Y, sin embargo, esta es precisamente nuestra más honda alegría: ver con claridad el conflicto crucial, la indescriptible tensión entre la vida y la muerte, el lugar del hombre entre el cielo y el infierno, y a pesar de eso creer que la vida, el amor y la verdad triunfarán sobre cualquier contrariedad, porque nosotros creemos en Dios.

Para nosotros, esta fe no es una teoría. Tampoco es un dogma, un sistema de ideas, un entramado de palabras, una forma de adoración ni una organización tal como una iglesia o una secta. La fe significa recibir al mismo Dios, significa ser asombrado por Dios. La fe es la fuerza que nos permite tomar este camino. Nos ayuda a recuperar la confianza una y otra vez cuando, desde un punto de vista humano, los cimientos de la confianza han sido destruidos. La fe nos proporciona la visión para percibir lo que es esencial e imperecedero. Nos da ojos para ver lo que no puede ser visto, y manos para tomar lo que no puede ser tocado, aunque esta realidad intangible esté presente siempre y en todas partes.

La fe nos da la capacidad de ver a las personas como son, no como se muestran. Nos libera de ver a otros a la luz de la costumbre social o según sus debilidades. No puede ser engañada por las máscaras de los buenos modales y la convención, de la respetabilidad en los negocios, de la moral de la clase media, de la observancia devota ni del poder político. Por cuanto la fe se encarga de que todas estas máscaras moldeadas por nuestra sociedad adoradora de riquezas, impura y asesina equivalgan a una mentira.

Aun así, tampoco la fe será engañada en la otra dirección ni inducida a pensar que la maldad y la inconstancia de la condición humana (a pesar de ser verdaderas) son su real y definitiva naturaleza. Desde luego que la fe se toma seriamente el hecho de que nosotros, los seres humanos, con nuestra constitución actual y natural somos incapaces de construir comunidad. Los cambios de humor temperamentales, los impulsos posesivos y los anhelos de satisfacción física y emocional, las poderosas tendencias de ambición y susceptibilidad, el deseo de ejercer influencia sobre los otros y los privilegios humanos de todo tipo colocan obstáculos aparentemente infranqueables en el camino a la verdadera comunidad.

Pero con la fe no podemos ser inducidos a pensar que estas debilidades reales de la naturaleza humana son concluyentes. Por el contrario, ante el poder de Dios y su amor que todo lo conquista, no tienen ninguna importancia. Dios es más fuerte que esas realidades. La energía de su Espíritu, creadora de comunidad, las supera a todas.

En este punto se vuelve sobradamente claro que la realización de una comunidad real, la construcción verdadera de una vida comunitaria es imposible sin una fe en un poder superior. A pesar de todo lo que sale mal, las personas intentan una y otra vez depositar su confianza ya sea en la bondad humana (que realmente existe) o en la fuerza de la ley. Pero todos sus esfuerzos están destinados a convertirse en aflicción al enfrentarse a la realidad del mal. El único poder capaz de construir comunidad real es la fe en el principal misterio del bien: la fe en Dios.

Justicia social y comunidad

Con esta fe, debemos adoptar una postura en relación con asuntos públicos como la vida internacional, política, social y económica. Hay organizaciones políticas que, tal como nosotros, apoyan la paz internacional, la comunidad total de bienes y la abolición de la propiedad privada. Sin embargo, no podemos simplemente apoyar a estas organizaciones y pelear sus batallas a su modo. Estos movimientos políticos pueden apuntar a alcanzar un amplio bien común, pero debido al modo en que luchan, acaban por ser contrarios a la comunidad: son incapaces de lograr el bienestar común de todos en una comunidad que incluya a todos. A pesar de sus muchas buenas intenciones, carecen de la fuerza y de la capacidad para sustituir una sociedad agotada por una comunidad orgánica y viva. Tal como lo demuestra la historia de todos esos movimientos, no pueden sobreponerse al deseo codicioso de poseer que tiene la humanidad.

A pesar de todo, nos sentimos atraídos junto con esos movimientos hacia todas las personas que padecen necesidad y aflicción, hacia aquellos que carecen de comida y de un techo, y cuyo desarrollo mental es entorpecido a través de la explotación. Con ellos nos situamos junto a los desposeídos, junto a aquellos privados de sus derechos y junto a los degradados y oprimidos. Y, aun así, evitamos ese tipo de lucha de clases que se vale de medios carentes de amor para cobrarse su venganza en aquellos que han explotado a los trabajadores hasta hacerlos sudar sangre. Rechazamos la guerra defensiva del proletariado oprimido tanto como las guerras defensivas de las naciones, a pesar de que estamos comprometidos con la libertad de nuestra nación y con la libertad de la clase trabajadora en todo el mundo. Ambas están esclavizadas y sabemos que esa esclavitud debe terminar. Pero la lucha que damos contra dicha esclavitud es espiritual. Es una lucha según la cual nos ponemos del lado de todos aquellos que pelean por la libertad, la paz y la justicia social.

Precisamente por esta razón debemos vivir en comunidad. Todas las revoluciones, todas las comunas, todos los movimientos idealistas o reformistas muestran simultáneamente su anhelo de comunidad y su incapacidad para alcanzarla. Estos ejemplos nos obligan a reconocer una y otra vez que solo hay un modo de transformar en realidad viva el deseo de comunidad que yace escondido en el corazón de todas las revoluciones: a través del ejemplo claro de la acción nacida de la verdad, cuando la acción y la palabra se vuelven una en Dios.

Por lo tanto, tenemos la única arma que puede ser eficaz contra la inmoralidad existente hoy. Esta arma del Espíritu es el trabajo constructivo llevado adelante en una hermandad de amor. No reconocemos el amor sentimental, el amor sin trabajo. Tampoco reconocemos la dedicación al trabajo práctico si no da prueba diaria de una relación franca entre aquellos que trabajan juntos, una relación que proviene del Espíritu. El amor al trabajo, así como el trabajo del amor, pertenece al Espíritu y proviene de él.

La comunidad a través de la historia de la iglesia

La vida del amor práctico que está llena del Espíritu fue testimoniada de un modo decisivo por los profetas judíos y más tarde por los primeros cristianos. Reconocemos a Cristo, el Jesús histórico cuya madre fue María y quien fue ejecutado bajo el poder del gobernador romano Poncio Pilato. Reconocemos, también, su mensaje completo tal como fue proclamado por sus apóstoles y llevado a la práctica por sus primeros seguidores que vivían en total comunidad [tal como está registrado en Hechos 2 y 4].

Por lo tanto, nos sentimos hermanos y hermanas de todos aquellos quienes, movidos por el Espíritu, se han unido para vivir en comunidad a lo largo de la historia. Han aparecido en numerosas oportunidades:

- Entre los cristianos del siglo I;
- En el movimiento profético de los montanistas en el siglo II;
- En los movimientos monásticos de los siglos siguientes;
- En el movimiento revolucionario de justicia y amor guiado por Arnaldo de Brescia;[1]

---

1 N. del E.: Arnaldo de Brescia (1090–1155) fue un sacerdote y monje

- En el movimiento valdense;
- En las comunidades itinerantes de Francisco de Asís;
- Entre la Hermandad de Bohemia y de Moravia y los Hermanos de la Vida Común;[2]
- Entre las beguinas y los begardos;
- De manera especial, entre los primeros movimientos anabautistas del siglo XVI, conocidos por su comunismo fraternal, su no violencia y el trabajo agrícola y artesanal de sus comunidades que recibían el nombre de «Bruderhof»;[3]
- Entre los primeros cuáqueros;
- Entre los labadistas de los siglos XVII y XVIII;[4]
- Entre los primeros moravianos en torno a Zinzendorf;

---

italiano que se manifestó en contra del poder exacerbado del clero y argumentó que la iglesia debía renunciar a sus propiedades y vivir en una «pobreza apostólica». Fue excomulgado y ejecutado por orden de la curia romana.

2 N. del E.: Los Hermanos de la Vida Común es el nombre de una orden monástica que existió a partir del final del siglo XIV hasta la Reforma. Sus miembros se sustentaban con su propio trabajo manual, especialmente ejerciendo la función de copistas. Su miembro más connotado fue Tomás de Kempis (1380-1471), autor de *La imitación de Cristo*.

3 Las primeras comunidades huteritas recibían el nombre de «Bruderhof», que significa «lugar de los hermanos».

4 N. del E.: Jean de Labadie (1610-1674) fue un pietista francés que fundó una comunidad donde se practicaba la comunidad de bienes, la educación conjunta de los niños y un estilo de vida simple.

- Y en muchas otras comunidades cristocéntricas de confesiones diversas, que llegan hasta nuestros días.

Nos comprometemos con Jesús y con la forma de vida del cristianismo primitivo, porque en ella las necesidades físicas de las personas eran atendidas tanto como las espirituales. En ella, el cuerpo y la tierra jamás eran menospreciados y, a la vez, también se prestaba atención al alma y al espíritu. Cuando las personas preguntaban a Jesús cómo luciría la futura justicia de Dios, él señalaba sus acciones: los cuerpos enfermos eran sanados, los muertos eran levantados de su tumba, los demonios eran expulsados de los cuerpos atormentados y el mensaje de alegría era llevado a los más pobres entre los pobres. Este mensaje significa que el reino invisible del futuro está ahora cerca y verdaderamente se está haciendo realidad. Dios se está volviendo hombre, Dios se está volviendo carne y, por fin, la tierra será ganada para él, toda y completa.

Es el todo lo que importa aquí. El amor de Dios no reconoce fronteras ni se detiene ante ningún obstáculo. Por lo tanto, Jesús no se detiene ante la propiedad privada más de lo que lo hace ante la teología, el moralismo o el Estado. Jesús vio en la profundidad del corazón del joven rico, a quien amaba, y dijo: «Una cosa te falta: anda, vende todo lo que tienes, y dalo a los pobres [. . .] y ven, sígueme» [Mc 10:17–22]. Jesús consideraba una cuestión natural que sus discípulos no tuvieran posesiones personales, sino que practicaran un comunismo de bolsa compartida [Jn 12:6]. Solo a un hombre se le confió la aborrecible responsabilidad de administrar el dinero de los discípulos y se quebró bajo su peso, una lección de no poca importancia para nuestra actual sociedad poseída por el dinero.

Sin embargo, ni siquiera la traición a Cristo y su ejecución significaron una derrota. La experiencia entusiasta del Espíritu de la que el Resucitado dotó a sus discípulos itinerantes les dio el poder para llevar adelante su vida comunal a una mayor escala. La primera iglesia se transformó en una comunidad intencional de varios miles de personas quienes, debido a que el amor ardía en ellas, debían permanecer unidas. En todos aquellos asuntos referidos a la vida comunitaria, los comportamientos emergentes eran acordes con una forma de concebir la vida como un todo unificado.

Los primeros cristianos en Jerusalén no poseían nada individualmente. Todo aquel que poseyera algún bien se sentía interiormente obligado a compartirlo. Ninguno tenía nada que no perteneciera completamente a la iglesia. Pero todo lo que la iglesia poseía estaba a disposición de todos.

Puesto que este amor generoso no puede excluir a nadie, ese círculo de personas aprehendidas por el Espíritu pronto fue conocido por tener las puertas y el corazón abiertos. Al momento del primer florecimiento de la iglesia encontraron las formas para alcanzar a todas las personas. Se ganaron el amor y la confianza de sus semejantes, a pesar de que en su lucha por la vida genuina eran proclives a volverse objetos de odio y de hostilidad letal. La razón de su fuerte influencia debió haber sido que estaban dedicados en cuerpo y alma a los otros, por cuanto para muchas personas esa es la única manera de ser «de un solo corazón y una sola alma» los unos con los otros [He 4:32].

El Espíritu en comunidad

La propiedad privada, las fortunas personales y los privilegios sociales solo pueden ser superados a través del poder unificador del Espíritu, que construye fraternidad y elimina los obstáculos que nos impiden volvernos hermanos y hermanas. Este es un proceso espiritual dinámico.

El Espíritu sopla como el viento. Nunca se vuelve rígido como el hierro o la piedra. Es infinitamente más sensible y delicado que los inflexibles designios del intelecto o que el marco frío y duro de las estructuras organizativas legales; más sensible incluso que las emociones del alma humana o las facultades del corazón humano, las bases sobre las cuales las personas tan a menudo intentan en vano construir edificios duraderos. Pero solo por esta razón el Espíritu es más fuerte e irresistible que todas estas cosas, jamás superable por poder alguno por grande que sea.

En la naturaleza, las cosas que parecen ser más duraderas —rocas y minerales inorgánicos— también son las más inertes, es decir, las que menos vida tienen. En tanto los delicados órganos de las criaturas vivientes son mucho más vulnerables al daño. Sin embargo, allí donde la vida orgánica se sobrepone a los obstáculos que se le presentan, prospera. Del mismo modo, allí donde el Espíritu llena una vida con la fuerza y la pureza suficientes para vencer a los poderes rivales, dicha vida puede vencer a la muerte. De hecho, puede vencerla para siempre. Esto fue lo que sucedió con Jesús. Sí, una vida así puede terminar, así como Jesús fue asesinado en lo que pareció ser el final. Pero incluso en su muerte, su vida se afirmó a sí misma como amor: amor sin violencia, amor que no reclama sus propios derechos y amor sin el deseo de poseer. Debido a esto, Jesús es ahora más fuerte y vive poderosamente como el Resucitado a través del Espíritu, como la voz interior y el ojo interior en nosotros.

Asimismo, la luz de la iglesia primitiva iluminó el camino de la humanidad en un solo destello breve. Aun así, su espíritu y su testimonio permanecieron vivos incluso después de que sus miembros fueran dispersados y muchos de ellos fueran asesinados. Una y otra vez a lo largo de la historia, formas similares de vida surgían como dones de Dios, expresiones del mismo Espíritu vivo. Los testigos eran asesinados y los padres morían, pero nacían —y nacen— nuevos hijos del Espíritu una y otra vez.

Los esfuerzos por organizar una comunidad de manera artificial solo pueden resultar en una caricatura fea y sosa. Solo al vaciarnos y abrirnos al Viviente —al Espíritu— él puede propiciar la misma vida entre nosotros tal como hizo entre los cristianos primitivos. El Espíritu es alegría en el Viviente, alegría en Dios como la única vida real; él es alegría en todas las personas, porque ellas obtienen vida de Dios. El Espíritu nos acerca a todas las personas y nos proporciona alegría al vivir y trabajar para los otros, por cuanto él es el espíritu de la creatividad y del amor hechos realidad a su grado máximo.

La vida en comunidad es posible solo en este Espíritu que todo lo abarca y en aquellas cosas que trae con él: una espiritualidad profundizada, una capacidad para experimentar la vida más plena e intensamente, un sentido de ser atravesado por un indescriptible suspenso. Rendirse a este Espíritu es una experiencia tan poderosa que nunca podemos equipararnos a él. Lo cierto es que el Espíritu solo se equipara a sí mismo. Él estimula nuestras energías encendiendo el núcleo más recóndito —el alma de la comunidad— hasta la incandescencia. Cuando este núcleo se quema y arde al punto del sacrificio, irradia a grandes distancias.

El martirio por el fuego, por lo tanto, pertenece a la esencia de la vida en comunidad. Significa el sacrificio diario de toda nuestra fuerza y todos nuestros derechos, todas las exigencias que solemos tener en la vida y que asumimos son justificadas. En el símbolo del fuego los leños individuales se queman de manera tal que, unidos, sus llamas resplandecientes irradian calor y luz una y otra vez por todas partes.

Símbolos de la comunidad en la naturaleza

La naturaleza, con toda su variedad de formas de vida, es una parábola en la que se retrata la comunidad del reino de Dios. Tal como el aire nos rodea o como un viento que sopla nos envuelve, necesitamos estar inmersos en el Espíritu que sopla, que todo lo unifica y renueva. Y tal como el agua nos lava y limpia cada día, así en el símbolo intensificado del bautismo por inmersión damos testimonio de nuestra purificación de todo aquello relacionado con la muerte. Esta «sepultura» en agua, que acontece solo una vez, significa una ruptura completa del *statu quo*; es un voto de hostilidad moral hacia el mal en nosotros y alrededor de nosotros. De manera similar, el levantarse del agua, que también acontece solo una vez, es una imagen vívida que proclama la resurrección. Vemos signos de esta misma resurrección, también, en nuestro trabajo agrícola: después de la muerte del otoño y el invierno vienen el florecimiento de la primavera y el fructífero verano; después de la siembra viene la cosecha.

El simbolismo puede encontrarse en los aspectos más triviales de la existencia humana, tales como nuestra necesidad diaria de comer. Cuando se los aborda con reverencia, hasta las comidas regulares compartidas pueden volverse fiestas comunitarias consagradas. La intensificación y la perfección principales de esta expresión de comunidad se manifiestan en el símbolo de compartir la mesa en la cena del Señor. En ella el alimento del vino y el pan es en sí mismo un testimonio de que podemos dejar que Cristo entre en nosotros. Da testimonio de la catástrofe de su muerte y de su segunda venida, así como de su iglesia en tanto un cuerpo unido en una vida común. Del mismo modo, cada día de labor compartida dentro de una comunidad trabajadora es una parábola de la siembra y la cosecha de la vida, de los inicios de la humanidad y de su hora decisiva final.

El cuerpo y la comunidad

Asimismo, la naturaleza de cada ser humano en tanto un cuerpo provisto de un alma es una parábola de que el Espíritu mora en su creación. Por ese motivo el cuerpo humano debe ser preservado completamente puro como un recipiente pronto para recibir a Dios.

El matrimonio es la intensificación extraordinaria de este símbolo de la unidad entre el cuerpo y el alma. En tanto unión de dos personas en un lazo de fidelidad entre un hombre y una mujer, el matrimonio es un retrato de la unidad del único Espíritu con la humanidad, y ciertamente, la unión del único Cristo con su única iglesia. Cuando una persona celebra el símbolo sagrado del matrimonio, una pureza autodisciplinada y un ascetismo sexual moderado adquieren una nueva forma de alegría liberadora en la creación de vida. No estamos enemistados con la vida; solo sabemos que el cuerpo y sus deseos no pueden determinar lo que somos y lo que hacemos. El cuerpo debe ser un instrumento vivo del Espíritu, ya sea en el estado matrimonial o, para algunos, a través de la consagración al reino venidero en una virginidad de por vida.

En el cuerpo humano, la comunidad se mantiene solo por el sacrificio constante, así como las células que mueren son reemplazadas por nuevas. De manera similar, el organismo de una comunidad eclesial saludable solo puede florecer cuando hay un sacrificio heroico. Una comunidad así es una hermandad de autosacrificio comprometido y libremente elegido. Se trata de una hermandad educativa de ayuda y corrección mutuas, una comunidad de bienes y de trabajo común que lucha en nombre de la iglesia militante. En ella, la justicia no consiste en hacer y satisfacer demandas referidas a derechos personales, aunque sean razonables. Por el contrario, consiste en dar a cada miembro la oportunidad de arriesgarlo todo, de entregarse completamente de manera tal que Dios pueda encarnar en cada uno y el reino pueda irrumpir con fuerza en su vida. Una justicia así no puede tomar la forma de elevadas exigencias a otros, sino de un autosacrificio gozoso. Aquí, las realidades del futuro de Dios se concretan ahora, se manifiestan como disposición, placer de trabajar, gozo en las personas y entrega al todo. El gozo y el entusiasmo toman la forma de un amor activo. El espíritu de Dios se expresa como alegría y coraje en el sacrificio.

Trabajo, creatividad y las artes

Cuando los hombres y las mujeres que trabajan unen voluntariamente sus manos y renuncian a todo lo que sea obstinado, aislado o privado, las relaciones fraternales y libres que establecen se vuelven una guía: indicadores de la principal unidad de todas las personas en el reino de amor de Dios. La voluntad que anima este reino pacífico, que algún día incluirá a cada ser humano, viene de Dios. Del mismo modo lo hace el generoso espíritu de fraternidad en el trabajo. El trabajo como espíritu y el espíritu como trabajo, esa es la naturaleza esencial del futuro orden de paz, que viene a nosotros en Cristo.

Una tarea así —es decir, la alegría en esmerarse por el bien común codo a codo con los compañeros— es lo que hace posible la comunidad. Esta alegría será nuestra si, al hacer las tareas más mundanas, permanecemos siempre conectados en un lazo sagrado con lo eterno. Luego, a medida que trabajemos, reconoceremos que todo lo terrenal y lo corporal está consagrado al futuro de Dios.

Amamos el cuerpo porque es la morada consagrada del espíritu. Amamos el suelo porque Dios creó la tierra a través del llamado de su espíritu, y porque Dios mismo lo convoca a salir de su estado natural silvestre de manera tal de que pueda ser cultivado por el trabajo comunitario del hombre. Amamos el trabajo físico —el trabajo manual y muscular— y amamos la destreza del artesano, donde el espíritu guía la mano. Vemos el misterio de la comunidad en el modo en que el espíritu y la mano trabajan uno a través del otro.

Amamos la actividad de la mente y del espíritu, también: la riqueza de todas las artes creativas y la exploración de las relaciones intelectuales y espirituales en la historia y en el destino de paz de la humanidad. Sea cual sea nuestro trabajo, debemos reconocer y hacer la voluntad de Dios en él. Dios —el espíritu creativo— ha formado la naturaleza, y Dios —el espíritu redentor— nos ha confiado la tierra a nosotros, sus hijos e hijas, como una herencia, pero también como una tarea: nuestro jardín debe volverse su jardín.

El organismo de la iglesia

El propio cuerpo es una parábola del reino, una señal de que Dios ganará la tierra para él, llenándola de paz y alegría y justicia. Entonces la humanidad se volverá un organismo, así como cada cuerpo vivo consiste en millones de células independientes. Este organismo ya existe en la actualidad, como la iglesia invisible.

Cuando reconocemos la realidad y la unidad invisibles de la iglesia, reconocemos su libertad en el Espíritu. Y, a la vez, la necesidad de una disciplina de la iglesia a través del Espíritu. Cuanto más confiada y autónomamente siga su camino un grupo con una vocación específica, más profunda deberá ser su conciencia de pertenecer a la unidad de *una sancta*, la única iglesia universal. Y con la misma urgencia, necesitará disciplina y formación a través del servicio mutuo de la iglesia universal, proveniente de su unanimidad ecuménica en materia de fe y vida.

Todas las hermandades, todos los hogares, las comunidades o asentamientos son (si están espiritualmente vivos) simplemente células autónomas en el gran organismo. A una escala menor, las familias y las personas individuales son células autónomas dentro del grupo del cual forman parte. La autonomía de todas estas células individuales consiste en el modo específico en que cada una de ellas vive para el todo. La vida de cada célula construye la comunidad de células a la que pertenece.

Libertad en comunidad

¿Cómo puede ser esto? El secreto reside en dos cosas: la libertad de autodeterminación y el autosometimiento al todo. Para los individuos, esto significa lo que los filósofos han llamado la libertad de la «buena voluntad».[5] Esta libertad, indispensable para la vida comunitaria, es, por un lado, igualmente opuesta al paternalismo y a la dominación, y a una laxitud disoluta, por el otro. En una comunidad de personas sostenidas por la fe en el Espíritu, la libertad individual consiste en su decisión libre de abrazar la voluntad comunitaria propiciada por el Espíritu. La libertad, actuando en cada miembro como una voluntad de bien, genera unidad y unanimidad, porque la voluntad liberada es dirigida hacia la unidad del reino de Dios y hacia el bien de toda la especie humana. Una voluntad así de liberada adquiere una energía más vital e intensa.

La voluntad liberada debe, en este mundo de muerte, afirmarse a sí misma constantemente contra los poderes destructivos y esclavizantes de la mentira, la impureza, el capitalismo y la fuerza militar. Se compromete en la lucha en todas partes: contra el espíritu del asesinato,

5 N. del E.: Immanuel Kant describe la libertad de la buena voluntad en *Fundamentación de la metafísica de las costumbres*, publicado por primera vez en 1785.

contra toda hostilidad (incluyendo el veneno de la lengua burlona y pendenciera), contra todo el mal y la injusticia que las personas se perpetran entre sí. Es decir, lucha tanto en la vida pública como en la privada contra la misma naturaleza del odio y la muerte, y contra todo aquello que se opone a la comunidad.

El llamamiento a la libertad es un llamamiento a una batalla sin pausa, una guerra sin respiro. Aquellos que son llamados a participar deben estar continuamente en alerta. No solo necesitan de la mayor fuerza de voluntad que puedan reunir, sino también de la ayuda de cada uno de los demás poderes otorgados por Dios para conocer el sufrimiento del proletariado oprimido, para apoyar a los pobres y para luchar contra todo el mal en ellos y en el mundo en torno a ellos.

Esta lucha contra el mal, contra todo lo que envenena o destruye la comunidad debe ser llevada adelante con más fuerza dentro de una comunidad que contra el mundo exterior, pero debe ser llevada adelante incluso más implacablemente en cada individuo. En la vida comunitaria, cualquier flojera, cualquier complacencia blanda, se supera con la intensidad ardiente del amor. El espíritu de comunidad toma una posición de combate dentro de cada individuo y lucha contra el hombre viejo desde la posición del hombre nuevo y mejor que reside en él, la posición del hombre que está llamado a ser.

Vocaciones y la única iglesia

Está claro que la guerra de liberación en pos de la unidad y de la plenitud del amor se está librando en muchos frentes y con muchas armas diferentes. Del mismo modo, el trabajo de la comunidad encuentra su expresión de muchas maneras diferentes.

Algunos pueden estar tentados a creer que una vida sin propiedad personal en una comunidad de bienes es el único camino para ser un seguidor de Jesús y un miembro de su iglesia en la tierra. Pero esto sería un error. Debemos reconocer la sorprendente diversidad de tareas y vocaciones que pertenecen a la iglesia militante. Aun así, para cada uno de nosotros hay una certeza de propósito en cada tramo del camino que somos llamados a transitar. Solo cuando hay una certeza directa de la propia vocación puede haber fidelidad y una claridad inequívoca (incluso en las pequeñas cosas) hasta el final. Solo aquellos que se mantienen firmes pueden llevar el estandarte; pero a aquellos incapaces de aguantar, nada les puede ser confiado.

En consecuencia, los humanos no reciben un alto encargo de Dios sin recibir además una tarea específica y definida. Obviamente, una vocación más grande y completa puede absorber una previa y más limitada (esta es la manera en la que una vocación puede suplantar otra). Pero no hay ninguna disminución de Dios cuando los apóstoles, los profetas, los mártires, los maestros, los ancianos y los diáconos reconocen a Dios y, con él, la tarea, servicio o encargo particular para el cual él los ha llamado. Lo que es decisivo es que cualquier vocación específica conduce solamente a *Cristo*: sirve a toda la iglesia y anticipa el reino venidero.

Allí donde las personas vean su tarea particular como algo especial en sí, se perderán. Pero cualquiera que sirva al todo en su propio lugar específico y en su propio modo característico puede decir con razón: «Pertenezco a Dios y a la vida en comunidad», o a Dios y cualquier otro llamamiento. Sin embargo, antes de que nuestro servicio humano pueda volverse un servicio divino, debemos reconocer cuán pequeño y limitado es ante el todo. Por lo tanto, un llamamiento especial —vivir en comunidad, por ejemplo— jamás debe ser confundido con la iglesia de Cristo en sí.

La vida en comunidad significa disciplina en comunidad, educación en comunidad y entrenamiento permanente para el discipulado de Cristo. Sin embargo, el misterio de la iglesia es algo distinto, algo más grande. Es la vida de Dios, y al venir de él penetra la disciplina de la comunidad. Esta penetración de lo divino en lo humano acontece cada vez que la tensión de un anhelo desesperado produce una apertura y una disposición en las que solo Dios puede actuar y hablar. En momentos así una comunidad puede recibir el encargo de la iglesia invisible y la certeza de una misión específica: hablar y actuar —sin confundirse, no obstante, a sí misma con la iglesia— en el nombre de la iglesia.

Ese es el motivo por el cual, en la vida de una comunidad, las personas pueden ser confrontadas una y otra vez con varias preguntas decisivas: ¿Cómo soy llamado? ¿A qué soy llamado? ¿Seguiré el llamamiento? Solo unos pocos son llamados a ese camino especial que es nuestro. Aun así, aquellos que son llamados —un pequeño grupo probado en batalla, que debe sacrificarse a sí mismo una y otra vez— se mantendrán firmemente por el resto de su vida comprometidos con la tarea común que Dios les mostró. Estarán dispuestos a una vida de sacrificio en aras de la vida común.

Las personas dejan su hogar, a sus padres y su carrera en aras del matrimonio; en aras de su esposa y su hijo arriesgan su vida. Del mismo modo, es necesario desprenderse y sacrificar todo en aras de nuestro llamamiento a este camino. Nuestro testimonio público de comunidad voluntaria de bienes y trabajo, de una vida de paz y amor, tendrá sentido solo cuando le pongamos todo el entusiasmo de nuestra vida y nuestro trabajo.

Atreverse a la aventura

Se cumplen ahora [1925] más de cinco años desde que nuestra pequeña hermandad en Berlín decidió aventurarse —en el sentido de esta confesión de fe— a vivir y trabajar juntos en comunidad sobre la base de la fe. Y así nació nuestra pequeña comunidad intencional. Éramos un puñado de personas de los más variados contextos y profesiones, que deseaban ponerse a sí mismas completamente al servicio del todo. A pesar de las decepciones y de las dificultades, a pesar de que el conjunto de miembros ha cambiado, somos ahora entre veinticinco y treinta adultos y niños.

Todo lo que cualquiera de los miembros permanentes adquiere en forma de ingreso, propiedad o posesiones, lo vuelca incondicionalmente al fondo común del hogar. Sin embargo, incluso el hogar de la comunidad en tanto grupo cerrado no se considera a sí mismo como el propietario corporativo de los bienes que hay en su inventario ni de sus empresas. En lugar de eso —al igual que la comunidad en torno a nuestro amigo Kees Boeke[6] en Bilthoven, Holanda— actúa como

6 N. del E.: Kees Boeke (1884-1966) fue un educador reformista neerlandés y, al momento de ser escrito este texto, un anarquista y pacifista cristiano.

administrador de los activos que posee para el bien común de todos, y por esta razón mantiene su puerta abierta a todos. Del mismo modo, para tomar decisiones requiere de la completa unanimidad en el Espíritu.

Sobre la base de los diversos talentos y profesiones de nuestros miembros individuales se han desarrollado varias áreas de trabajo dentro de la comunidad: la edición de libros y publicaciones periódicas, una escuela y un hogar para niños, la agricultura y horticultura, el trabajo juvenil y la hostelería.[7]

Dada nuestra base de fe, no podemos abordar el desarrollo de nuestra comunidad desde un punto de vista puramente económico. No podemos simplemente elegir a las personas más capaces para destinarlas a nuestras diversas áreas de trabajo. Apuntamos a la eficiencia en todas las áreas; pero más importante aún, buscamos la fe. Cada persona —ya sea un miembro comprometido, un ayudante o un huésped— debe enfrentar una y otra vez el asunto de si está o no adaptándose a la comunidad venidera regida por Cristo, y en qué vocación especial está llamado a servir a la iglesia de Cristo.

Su libro *Una visión del cosmos*, publicado por primera vez en 1957, inspiró las películas *Cosmic Zoom* y *Powers of Ten*, ambas de 1968.

7   N. del E.: El original incluye detalles de las empresas comunitarias de Arnold, que se omite aquí.

Por lo tanto, nuestra tarea es una aventura a la que nos atrevemos una y otra vez. Sin embargo, nosotros no somos la fuerza impulsora. Somos nosotros quienes hemos sido conducidos y debemos ser animados. El peligro del agotamiento y del sinsentido siempre está presente, pero es continuamente vencido por la fe que subyace a la ayuda mutua.

Dos charlas interpretativas

acerca del texto de Eberhard Arnold
¿Por qué vivimos en comunidad?

Thomas Merton

Thomas Merton dio sus dos charlas, «Construyendo comunidad basada en el amor de Dios» y «Comunidad, política y contemplación», en septiembre de 1968, en el Monasterio de la Preciosísima Sangre en Eagle River, Alaska. Sus extensas citas textuales, tomadas de la edición en inglés de 1967 de ¿Por qué vivimos en comunidad?, *han sido sustituidas aquí por los fragmentos correspondientes de esta edición.*

Construyendo comunidad basada en el amor de Dios

Eberhard Arnold escribió *¿Por qué vivimos en comunidad?* en la década del veinte, una época de gran tensión. Se trata de una auténtica declaración de comunidad en contraste con el contexto de falsa comunidad que se difundía en aquellos días. También puede ser considerada en contraste con el contexto de la actual mística de comunidad. Como ustedes saben, hay una fuerte tendencia de las ideas progresistas hacia el concepto de comunidad real. Eberhard Arnold nos trae lo que creo es una respuesta completamente cristiana. Pero antes de que comencemos a considerar nuestra vocación y nuestra vida, debemos detenernos y pensar qué estaba haciendo nuestro Señor. ¿Para qué vino al mundo? ¿Para qué murió en la cruz? ¿Cuál fue su propósito? Porque eso necesariamente afecta nuestro propósito y lo que estamos haciendo.

La respuesta estándar siempre solía ser: «Vino para morir por los pecadores». Es decir, somos convertidos del pecado; no iremos al infierno; podemos ir al cielo si nos comportamos. Es necesario refinar esa respuesta, por cuanto el concepto es mucho más amplio. Nuestro

Señor vino a vencer la muerte a través del amor, y este trabajo de amor era un trabajo de obediencia al Padre hasta la muerte, una ofrenda total para vencer la muerte. Esa es nuestra tarea. Estamos luchando contra la muerte; estamos involucrados en una lucha entre el amor y la muerte, y esta lucha tiene lugar en cada uno de nosotros. La victoria de nuestro Señor sobre la muerte, la victoria del amor sobre la muerte en la cruz busca manifestarse de una manera concreta en la tierra en la creación de comunidad. El trabajo de crear comunidad en y por la gracia de Cristo es el lugar donde esta lucha acontece y donde él manifiesta su victoria sobre la muerte.

Demos una rápida mirada a San Pablo. Es posible que haya muchas citas mejores sobre este punto, pero esta es sobre nosotros. Somos elegidos para esta vida y, aun así, solo somos personas comunes, personas con nuestras propias limitaciones, tal como San Pablo señala en su famoso pasaje de 1 Cor 1:26–31:

> ¡Mirad, hermanos, quiénes habéis sido llamados! No hay muchos sabios según la carne ni muchos poderosos ni muchos de la nobleza.

El antiguo texto decía: «Considerad vuestra vocación». Es decir, consideren este hecho: ¿quiénes somos los llamados a compartir este trabajo de Cristo, el trabajo sobrehumano de vencer la muerte?

Ha escogido Dios más bien lo necio del mundo para confundir a los sabios. Y ha escogido Dios lo débil del mundo, para confundir lo fuerte. Lo plebeyo y despreciable del mundo ha escogido Dios; lo que no es, para reducir a la nada lo que es. Para que ningún mortal se gloríe en la presencia de Dios. De él os viene que estéis en Cristo Jesús, al cual hizo Dios para nosotros sabiduría de origen divino, justicia, santificación y redención, a fin de que, como dice la Escritura: El que se gloríe, gloríese en el Señor.

Así pues, aquí estamos en este trabajo de construir comunidad que es por lo que Cristo murió. ¿Y a quién escogió para construir comunidad? Nos escogió a nosotros, personas comunes con debilidades comunes. Algunas de las personas que han venido a Getsemaní[1] con las mentes más lúcidas no tienen vocación. A menudo, los que tienen vocación son los que siempre estarán luchando con sus debilidades y con los problemas comunes de la vida. Debemos dar esto por hecho: que Dios tiene este designio, este plan, que elige a las personas según su voluntad, y que la mayoría de nosotros somos solo personas comunes. Debemos

[1] Se refiere a la Abadía de Nuestra Señora de Getsemaní, monasterio trapense en Kentucky adonde Merton ingresó en 1941 y donde permaneció como monje (con excepción de los períodos durante los cuales viajó) hasta su muerte en 1968.

vernos desde este punto de vista y en ese contexto para comprender lo que significa comunidad.

Al abordar el concepto de comunidad, Eberhard Arnold comienza por dejar claro un aspecto que no creo que en la actualidad esté lo suficientemente claro. Lo importante hoy es la comunidad. Las personas piensan en términos de comunidad y también en términos de realización personal, y eso es bueno. Pero al mismo tiempo, esta gran excitación acerca de la comunidad implica un peligro. Permítanme que les dé un ejemplo.

Me di cuenta de que, hace unos cinco o seis años, justo en la época de la apertura del Concilio[2], de pronto comenzó a suceder algo extraño en el ámbito ecuménico. Los protestantes que no estaban de acuerdo con otros de su confesión solían acudir a nosotros. Y nosotros, que no estábamos de acuerdo con otros católicos, acudíamos a ellos. De ese modo, era posible encontrar a bautistas y católicos y presbiterianos y episcopales, todos insatisfechos con su propio grupo y apiñados en un grupo nuevo. Esto es algo que tiende a suceder. A medida que nos abrimos a más personas por fuera de la antigua comunidad, tendemos a formar otras comunidades. Uno se encuentra con una base de

2 Merton se refiere aquí al Concilio Vaticano II (1962-1965), que buscaba promover una renovación espiritual dentro de la Iglesia católica. Sus reformas de amplio alcance incluyeron la modificación de la liturgia, el apoyo al ecumenismo y la condena al antisemitismo.

afinidad, personas con una nueva mirada y un contexto completamente nuevo, y siente el estímulo de los primeros contactos y quizá se involucra más con ellos que con la propia comunidad. Esto sucede y, de hecho, es normal.

La razón para que esto suceda es, probablemente, que nosotros también estamos en medio de una transformación desde una situación antigua en la que el concepto de comunidad era algo bastante abstracto y lo que realmente había era una institución organizada en lugar de una comunidad verdadera. Tenías un montón de reglas y todo estaba bien definido y las personas hacían la misma cosa en el mismo momento y estaban en el mismo lugar en el mismo momento y actuaban como una comunidad, y probablemente en esa forma de vida había una gran cuota de caridad. Pero también era posible en un tipo de institución perfecta como esta soslayar una casi total ausencia de comunidad verdadera. Lograba disminuir los grandes problemas, pero de un modo que creaba problemas más grandes. El hecho de que todo fuera como una máquina hacía posible que todos los mecanismos se pusieran en marcha sin ningún amor real o, al menos, sin ningún amor personal profundo hacia las personas con las que se convivía.

En la época que estoy describiendo, digamos unos diez años atrás, las personas de pronto se dieron cuenta de que había una parálisis en la comunidad institucional. Que se había vuelto algo estático e incluso un poquito falso y propenso a engendrar todo tipo de cosas extrañas. En lugar de amor personal profundo, uno tenía apegos sentimentales. Todo formaba parte de esa antigua imagen en la que la vida estaba muy cerrada sobre sí misma y las personas tendían a desarrollar apegos sentimentaloides en lugar de verdadero amor. Cuando la situación de pronto se abrió y las personas volvieron a tener contactos más normales, hubo una reacción muy fuerte. Las personas sentían: «Aquí hay una comunidad sana, esto es real». Y era más real que la antigua comunidad institucional, pero no era algo real, no la comunidad que Cristo vino a construir. Tal como Eberhard Arnold dice, una comunidad es más que solo realización personal y sociabilidad.

Hay algo más profundo, y lo que Arnold hace en primer lugar es remarcar el hecho de que hay un optimismo básico acerca de la comunidad natural que tiende a ignorar la lucha de la vida y la muerte que se libra en nosotros. Lo que él desea enfatizar es el hecho de que la comunidad no está construida por el hombre; está construida por Dios. Es el trabajo de Dios. Y la base de la comunidad no es solo la sociabilidad, sino la fe. Esto es lo que necesitamos ver con mucha claridad, porque es muy importante. [...]

En el otro extremo está la historia de los dos viejos ermitaños que jamás discutían, la comunidad idílica[3]. Se trata de una comedia alocada, una exageración, pero hay dos aspectos a destacar. Lo más importante —el verdadero contenido teológico de la historia— es que lo que comienza la pelea son las posesiones. Y las personas pelean cuando prefieren las cosas antes que a las personas. Esto está bien desarrollado en la teología cristiana y, por lo tanto, para nosotros, la importancia del desapego hacia las cosas, esto es, la importancia de la pobreza es que se supone que somos libres de aquellas cosas que podríamos preferir a las personas. Es posible extender eso hasta el límite que deseemos. Siempre que las cosas se hayan vuelto más importantes que las personas, estamos en problemas. Este es aspecto crucial de todo el asunto. ¡Averígüenlo por su cuenta!

3 Dos Padres del Desierto habían estado conviviendo como ermitaños por muchos años y jamás habían tenido una pelea. Uno de ellos le dijo al otro: «¿Por qué no hacemos como todo el mundo y nos peleamos?» El otro dijo: «Muy bien, ¿cómo se hace?» El primero dijo: «Bueno, las peleas comienzan por las posesiones, el tener algo en exclusividad de manera tal que el otro no lo pueda tener. Busquemos alrededor y procurémonos una posesión, y luego peleemos por ella». Así que encontró un ladrillo y dijo: «Pondré este ladrillo entre nosotros y diré: ´Este es mi ladrillo´. Y tú dirás de inmediato: ´No, es mío´. Y luego pelearemos». Así que el primer hombre tomó el ladrillo y lo puso en el suelo entre ambos, y dijo: «Este es mi ladrillo». Y el otro dijo: «Bien, hermano. Si es tu ladrillo, tómalo». (Extraído de *Thomas Merton in Alaska*, p. 86).

Uno de los Padres Griegos, San Máximo, propone un desarrollo de este concepto, que en un momento describí como una teología básica de paz y no violencia. Él toma este aspecto y lo elabora para mostrar cómo la raíz de la guerra está en preferir las posesiones a los valores humanos y el dinero a los seres humanos, lo que es absolutamente cierto. Si uno presta atención a la guerra de Vietnam —o a cualquier otra guerra—, puede ver el meollo del asunto. En su mayor parte, lo que está en juego son las inversiones y los intereses materiales, aunque también sea cierto que se desea proteger la libertad. Este es nuestro deseo expreso, pero, de hecho, lo que sucede es que muchas personas están siendo asesinadas y se está haciendo mucho dinero con eso. Así es como acaba por resultar esto, lo que demuestra que hay algo malo en ello.

Regresemos a nuestra idea: lo que Dios desea es la construcción de la comunidad en Cristo, y nuestro trabajo —una de nuestras grandes responsabilidades— es construir comunidad como sea posible. Pero debe ser una comunidad real, de todas las formas posibles, y teniendo claro el derecho objetivo previo de nuestra propia comunidad en la que hemos hecho nuestros votos, porque eso significa que nuestra primera responsabilidad es con las personas con las que vivimos. En cierta medida, si consideramos esto en términos de responsabilidades objetivas, es como el matrimonio.

Pero esa no es nuestra única responsabilidad. A menudo pensamos que las únicas personas a las que debemos amar son nuestros vecinos. Quizá jamás hemos visto a otras personas a quienes amar. Pero no es así. Debemos amar a otros y debemos querer amar a otros, y la comunidad debe extenderse más allá de nuestra propia comunidad. Según lo veo, este sería el modelo: en el caso particular de ustedes, las personas vienen aquí en busca de un grupo de personas que se aman unas a otras. No vienen aquí solo para ver a unas personas en tanto individuos, sino en tanto comunidad de amor. Si acaso van a encontrar la gracia y la ayuda, no será de ustedes en tanto individuos, sino de la gracia presente en una comunidad de amor.

Sea como sea que consideremos el asunto, tenemos la obligación de construir comunidad. No se trata solo de una obligación de los unos hacia los otros, sino hacia todos aquellos que vienen a nosotros. Ellos necesitan encontrar aquí la verdadera comunidad y eso es lo mejor que podemos darles.

Aquí hay otra cita tomada de la gran carta de San Pablo a los efesios, la que hace referencia al cuerpo místico. Es verdaderamente un texto formidable para meditar en este sentido. Siempre lo cito para mostrar cómo la comunidad y la contemplación y la comprensión del misterio de Cristo están interrelacionadas.

Así que, recordad cómo en otro tiempo vosotros, los gentiles según la carne, llamados incircuncisos por la que se llama circuncisión —por una operación practicada en la carne—, estabais a la sazón lejos de Cristo, excluidos de la ciudadanía de Israel y extraños a las alianzas de la Promesa, sin esperanza y sin Dios en el mundo. Mas ahora, en Cristo Jesús, vosotros, los que en otro tiempo estabais lejos, habéis llegado a estar cerca por la sangre de Cristo. Porque él es nuestra paz: el que de los dos pueblos hizo uno, derribando el muro que los separaba, la enemistad, anulando en su carne la Ley de los mandamientos con sus preceptos, para crear en sí mismo, de los dos, un solo Hombre Nuevo, haciendo la paz, y reconciliar con Dios a ambos en un solo Cuerpo, por medio de la cruz, dando en sí mismo muerte a la Enemistad. Vino a anunciar la paz: paz a vosotros que estabais lejos, y paz a los que estaban cerca. Pues por él, unos y otros tenemos libre acceso al Padre en un mismo Espíritu.

Así pues, ya no sois extraños ni forasteros, sino conciudadanos de los santos y familiares de Dios, edificados sobre el cimiento de los apóstoles y profetas, siendo la piedra angular Cristo mismo, en quien toda edificación bien trabada se eleva hasta formar un templo santo en el Señor, en quien también

vosotros estáis siendo juntamente edificados, hasta
ser morada de Dios en el Espíritu. (Ef 2:11–22)

Pablo está hablando de los griegos y de los judíos, y dice
que ya no existe división ninguna. Es uno de los pasajes
difíciles de San Pablo, por cuanto hay tanto contenido
en él. Y esta es la idea que Pablo siempre enfatiza: que
la ley creó división, pero que el Nuevo Testamento ha
superado esa división creada por la ley. Ya no existen
judíos ni griegos. En esta creación de comunidad, por
lo tanto, la comunidad está basada no en un contexto
étnico ni en si se es judío o si se va a la sinagoga, sino en
el amor de las personas en Cristo, en la relación personal
en Cristo, y tampoco está basada en la nacionalidad ni
en la clase. Y es aquí donde los cristianos fallan con
tanta frecuencia en la actualidad.

Un político puede ir por ahí diciendo que está del
lado de Dios, cuando lo que realmente defiende es
el racismo, y así el racismo se equipara con el cristianismo. Esto es idolatría y pone las cosas al revés. Y lo
mismo sucede con el nacionalismo. Las personas dicen
que equipararemos nuestra perspectiva nacional con
el cristianismo, y de pronto todas estas cosas que nada
tienen que ver con el cristianismo acaban identificándose
con el cristianismo. Esto constituye un problema serio,
porque es un gran escándalo para aquellas personas que

hoy tienen problemas con la fe. Dicen: «Si este hombre es verdaderamente un cristiano, ¿cómo puedo ser yo un cristiano?».

Quiero enfatizar el hecho de que Cristo en la cruz destruyó en sí mismo la hostilidad que fue creada por todas estas divisiones. Aquí aparece de nuevo lo que la comunidad significa para nosotros, la destrucción de la división por medio de la cruz. En otras palabras, debemos ser más grandes que las divisiones. Aún existirán diferencias étnicas, pero ya no hacen ninguna diferencia en Cristo. Creo que donde surge el verdadero problema es allí donde tenemos una tendencia a pensar —esto es una especie de mito estadounidense— que todo esto es muy simple y natural. Que todo lo que uno debe hacer es seguir las tendencias propias, buenas por naturaleza, y que con eso basta. Pero no es así. No es algo automático. Tiene que ser hecho por Dios. Es un trabajo de Dios.

Como Eberhard Arnold dice, realmente experimentamos en nosotros, a la vez que el poder de Cristo, el poder de la cruz para crear comunidad. Sin embargo, también encontramos en nosotros mismos todo aquello que va en contra de la comunidad, y debemos ser completamente conscientes de este hecho. Somos y no somos personas comunitarias. Se da por hecho que todos somos sociables. Pero lo somos y no. También somos débiles y egoístas, y en nosotros reside esta lucha entre la confianza y la desconfianza, donde todos creemos y no creemos. Confiamos en algunas personas y desconfiamos de otras. En otras palabras, estamos llenos de ambivalencia y debemos tener esto en cuenta. Las cosas son, en realidad, mucho más complicadas. Creemos que somos perfectamente abiertos y confiados y, de pronto, descubrimos que no lo somos. [. . .] Tendemos a negar esto, a reprimirlo; no nos gusta enfrentarlo. Pero debemos enfrentar el hecho de que a veces nos enfurecemos con las personas, nos enojamos al respecto y nos esforzamos para que no se nos note, pero ahí está. No es posible vivir una vida religiosa de un modo realista a menos que nos demos cuenta de que esto es algo que sucede todo el tiempo.

El motivo por el cual reprimimos nuestros sentimientos es la ansiedad que causan. Si admito que me siento molesto y enfadado, entonces pienso de inmediato, ¿a qué conducirá esto? Estaremos peleando como perros y gatos durante meses, si muestro mis verdaderos sentimientos. ¿Qué se debe hacer? ¿Adónde acudiremos a pedir ayuda? Acudiremos a Dios. Dicho de otro modo, en lugar de basar nuestra confianza en nuestra capacidad para reprimir estos sentimientos y mantenerlos fuera de la vista, lo que debemos hacer es adoptar una actitud completamente nueva y decir: «Bien, tengo estos sentimientos y sé que están ahí. Lamento que así sea, pero la gracia de Cristo puede solucionarlo, la gracia de Cristo en mí y la gracia de Cristo en mi hermano y en mi hermana». No se trata solo de que yo tenga la gracia; el punto es que la comunidad tenga la gracia. Hay gracia suficiente para resolver todos nuestros problemas del modo humano habitual —al menos, para lidiar con ellos—, aunque no podamos librarnos de ellos. Debemos trabajar en esto todo el tiempo, pero aquí está la solución. Así que regocijémonos, pero démonos cuenta de que tenemos trabajo por delante. [...]

Leamos algo de lo que Eberhard Arnold dice acerca de este problema:

Dios es la fuente de la vida. En él y a través de él nuestra vida común es construida y guiada una y otra vez a través de luchas intensas hasta la victoria definitiva. En una vida así, uno buscará en vano un paraíso placentero de confort humano o la realización de anhelos románticos; mucho menos satisfará cualquier deseo egoísta de felicidad personal. No, este es un camino dedicado al propio deseo incondicional de amar, un camino que participa del propio deseo de comunidad de Dios. Es un camino sumamente peligroso, un camino de profundo sufrimiento, que conduce directamente a la lucha por la existencia y a una vida de esfuerzo, a todas las dificultades creadas por la naturaleza humana. Y, sin embargo, esta es justo nuestra más honda alegría: ver con claridad el conflicto crucial, la indescriptible tensión entre la vida y la muerte, el lugar del hombre entre el cielo y el infierno, y a pesar de eso creer que la vida, el amor y la verdad triunfarán sobre cualquier contrariedad, porque nosotros creemos en Dios.

Creo que esta declaración es inspiradora. Debemos creer en la comunidad y creer que en Dios todo esto es posible. Eberhard Arnold continúa:

> Para nosotros, esta fe no es una teoría. Tampoco es un dogma, un sistema de ideas, un entramado de palabras, una forma de adoración ni una organización tal como una iglesia o una secta. La fe significa recibir al mismo Dios, significa ser sobrepasados por Dios. La fe es la fuerza que nos permite tomar este camino. Nos ayuda a recuperar la confianza una y otra vez cuando, desde un punto de vista humano, los cimientos de la confianza han sido destruidos.

Todo el asunto de creer en Dios, de confiar unos en otros y, aun así, saber que la confianza puede derrumbarse y puede ser reconstruida, todo esto es parte de nuestra vida.

Entonces, Arnold hace una declaración que considero extrema. Dice que nosotros, los seres humanos, con nuestra constitución actual y sin Dios, somos incapaces de construir comunidad. Eso implica ir demasiado lejos; es pesimismo. Pero una declaración así, sin embargo, tiene valor porque, aunque pueda ser exagerada, señala el hecho de que realmente necesitamos a Dios, y es esa necesidad de gracia lo que Arnold resalta.

> Los cambios de humor temperamentales, los impulsos posesivos [...] colocan obstáculos aparentemente infranqueables en el camino de la verdadera comunidad. Pero con la fe no podemos ser inducidos a pensar que estas debilidades reales de la naturaleza humana son concluyentes.

Ese es el aspecto importante. Supongamos que todas esas cosas están ahí y, suponiendo que es duro, lo que la fe hace es pronunciar una sentencia definitiva. Apliquemos esto a un problema matrimonial. Supongamos que un hombre descubre que su esposa le ha sido infiel. Este es uno de los tipos trágicos de violación de la confianza en la vida. Destruye a las personas. Entonces, el esposo lo descubre. Si es el tipo de persona que dice «Este es el final», eso es una solución. Desde el momento en que se descubre una mancha, ¡terminado! Ese es el final. Lo opuesto sucede con Cristo. Incluso la falta más grave es perdonable. Todo es perdonable.

En este punto se vuelve sobradamente claro que la realización de una comunidad real, la construcción verdadera de una vida comunitaria es imposible sin una fe en un poder superior. A pesar de todo lo que sale mal, las personas intentan una y otra vez depositar su confianza ya sea en la bondad humana (que realmente existe) o en la fuerza de la ley. Pero todos sus esfuerzos se convertirán en aflicción cuando enfrenten la realidad del mal.

Esto, una vez más, es muy fuerte, pero la conclusión es verdadera: «El único poder que puede construir comunidad real es la fe en el principal misterio del bien: la fe en Dios».

Lo principal es que construimos comunidad no sobre la base de nuestro amor, sino sobre el amor de Dios, porque nosotros no tenemos tanto amor, y ese es el verdadero desafío de la vida religiosa. Nos coloca en una posición donde, a veces, la comunidad natural es muy difícil. Se envía a las personas aquí y allá, y a menudo se amontona a personas que son muy incompatibles. De esa manera, grupos de personas que jamás hubieran elegido vivir juntas de un modo humano común, se encuentran viviendo juntas. Es una prueba de fe. Pone a prueba el amor de Dios en nosotros y ese es su objetivo. Es lo que San Pablo quiere decir. No es solo cuestión de estar construyendo comunidad con personas que a uno le agradan naturalmente. Se trata también de construir comunidad con personas que Dios ha reunido.

Lo que se pone a prueba en la comunidad es la fe. No se trata tanto de saber quién tiene la razón, sino de saber si nosotros creemos. Creo que ese es el asunto real. Por supuesto que existen problemas, pero los consideramos a la vez y les encontramos solución sobre la base de y en el contexto de la fe. La fe está primero, y el único que tiene la razón es Dios. Ninguno de nosotros sabe con precisión lo que Dios quiere. Lo que debemos hacer es creer en el poder de su amor. Este poder se nos da en proporción a medida que trabajamos juntos para descubrir en qué situación nos encontramos, y luego, si nos juntamos y tomamos una decisión acerca de algo —incluso si es equivocada—, si está hecho de buena fe, el poder del amor de Dios estará en ella. Vamos a cometer errores, pero eso no es lo verdaderamente importante.

Comunidad, política y contemplación

Quiero hablar un poco más acerca de la comunidad, porque en la iglesia de hoy existe un movimiento muy fuerte y activo que está por todas partes y en el que una multitud de personas —una minoría, pero una minoría muy influyente de la que conozco a algunos— dice que en la actualidad solo hay una comunidad verdadera y que se trata de la comunidad interesada en los problemas de las personas desfavorecidas, que la única forma práctica de encarar esto es la revolución y que, por lo tanto, cristianismo equivale a revolución.

Las personas hablan de este modo y eso traerá problemas, porque no saben realmente de qué están hablando. Todas son personas buenas, de clase media y, de pronto, se encuentran hablando de revolución.

En la actualidad existe una tentación de buscar una comunidad cuando uno está preocupado por cuestiones políticas. Después de todo, no se puede evitar, uno debe estar preocupado por el mundo y por la política, de un modo u otro. Pero, por otra parte, alinearse con el movimiento de alguien más no necesariamente es la respuesta. Una buena amiga cuáquera, amiga de Martin

Luther King, estaba muy involucrada con los derechos civiles en el sur, de un modo absolutamente desinteresado y dedicado. Ella y su esposo tomaron parte de una manifestación en Washington. Tenían los motivos más elevados, pero se unieron a unos activistas que no parecían tener en absoluto motivos elevados, y se vieron obligados por esas personas a formar parte de una situación extraña en la que todos resultaron arrestados. Habían sido obligados a violar una ley que jamás habían pretendido ni querido violar, de manera tal de que pudieran ser utilizados y los activistas pudieran decir: «Fulano fue arrestado por ser de los nuestros».

En otras palabras, cuando uno comienza a tratar con personas como estas, no se está tratando con una comunidad en un sentido cristiano. Se está tratando con un grupo de operadores y ellos tienen sus razones, pero ellos están en la política del poder, y esto es peligroso. Hay que conocer realmente la situación.

Personalmente creo que deberíamos situarnos en un punto intermedio. No deberíamos estar en el lado conservador y no deberíamos estar en el lado radical. Deberíamos ser cristianos. Deberíamos comprender los principios que están en juego y darnos cuenta de que no podemos involucrarnos en nada donde no haya verdadera fraternidad cristiana. En estos movimientos se encuentra una buena cantidad de buena voluntad y un núcleo de deseo de comunidad, pero el poder se vuelve la prioridad. El juego del poder es lo que importa y uno se tropieza no con amor, sino con medios carentes de amor. La mayoría de los activistas aún no participa en la violencia descarnada, pero lo hará. En otras palabras, hay formas y medios para obligar a las personas a ir en cierta dirección. Eso está bien, eso es la política, podrán decir. Quien sea un político necesita saber acerca de esto y hacerse cargo, pero nosotros debemos mantenernos fuera.

En la década del veinte, mientras Eberhard Arnold estaba en Alemania y escribía sus textos, quedó atrapado entre los nacionalistas y los comunistas. Los nacionalistas, que luego se convirtieron en los nazis, representaban un tipo de comunidad absolutamente brutal que simplemente se traduce en racismo: pura emoción bruta, alinear a todo el mundo y hacerlos marchar. Este es un tipo de comunidad masiva y fanática del que, me temo, vamos a ver más en este país. No creo que todo el país alguna vez vaya a ir tras ella, pero algunas personas sentirán miedo y querrán proteger su propiedad, y las personas en el otro extremo se enredarán en algo llamado acción revolucionaria, y nosotros quedaremos atrapados en el medio.

Arnold vio todo esto y concluyó en una postura con la que concuerdo bastante: es el Espíritu quien está por encima de esas dos posturas, y nosotros debemos mantenernos por encima, también. Debemos estar donde está el amor, y esta es la postura más difícil, pero es también la postura creativa y constructiva. Es el tipo de postura que Gandhi adoptó.

Solo porque Gandhi adoptó esta postura no la convierte en idealista. Edité un pequeño libro de citas de Gandhi sobre la no violencia y también escribí el prefacio, y quizá sea bueno recordarlo porque hoy todo tiende a perderse. La no violencia se ha arruinado y se está convirtiendo en una especie de semiviolencia. Pero Gandhi dijo algo básico que ha probado ser absolutamente cierto: no se puede tener una no violencia real a menos que se tenga fe en Dios. Si no se construye sobre Dios, no va a funcionar, no va a ser real. Gandhi dijo esto y Martin Luther King lo tomó y lo continuó. Ahí tenemos el abordaje espiritual, y estaba basado en el ascetismo. Gandhi principalmente ayunaba y hacía uso de medios espirituales. Por lo tanto, lo que debemos hacer es intentar reconocer esta tentación de buscar comunidad en todo tipo de movimientos de poder, como están haciendo tantos, y mantener nuestra posición en una comunidad cristiana, una comunidad construida por Dios.

A esta situación se refiere Arnold cuando dice que las revoluciones, las comunas y los movimientos idealistas o reformistas muestran a la vez su anhelo de comunidad y su incapacidad de comunidad. [. . .] ¿Qué quiere decir cuando se refiere a revoluciones, comunas y movimientos idealistas o reformistas? Quizá se esté refiriendo a los vegetarianos o a personas como los *hippies*. Los *hippies* son en muchos aspectos verdaderos buenos chicos. Manifiestan un deseo de comunidad y, sin embargo, un tipo de incapacidad para alcanzarla, así que van por ahí en grupos.

No les he contado acerca de aquel *hippie* que vive en Cristo en el Desierto [un monasterio], un sujeto verdaderamente encantador. No es un *hippie* cualquiera; creo que él es más profundo. Me fue a buscar al avión cuando viajé a ese lugar. Tenía el cabello largo y, para evitar que le cayera sobre los ojos mientras conducía su coche, usaba una correa de cuero rojo, como las que usan los indios. Un sujeto muy agradable. Tenía un vieja y destartalada furgoneta Volkswagen en cuya parte trasera, donde vivía, había instalado una cocinilla y una cama. Remolcaba una mezcladora para hacer revoque, así que le pregunté: «¿Para que tienes eso?» Me dijo: «Supuse que iba a hacer algo por los monjes y voy a trabajar para ellos durante un año. Voy a hacerles ladrillos para su casa de huéspedes». Simplemente decidió hacerlo. Él no es necesariamente un cristiano, pero está viviendo en el monasterio y quiere echar una mano a los monjes. Él desea un lugar para pensar, así que estacionó su Volkswagen en la quebrada, bajo un árbol, y hace esos ladrillos. Es el sujeto más encantador que jamás se haya visto. Recorrimos todo el camino hasta Albuquerque y hasta el monasterio, y de lo único sobre lo que quería hablar era de la meditación. ¿Cómo meditas? ¿Qué haces y qué hacen los hindúes? ¿Qué hacen los budistas? Estaba interesado en la oración y me contó acerca de su vida, de cómo había estado en el ejército y se había dado cuenta finalmente de que no tenía sentido. Ahora quería descubrir de que se trataba todo eso, así que se había ido a vivir a una quebrada en su Volkswagen. [...]

En The Redwoods [California] hay unos *hippies* maravillosos. Apenas se mudaron al área y descubrieron que había un monasterio, se acercaron y llevaron comida. De hecho, organizaron allí un par de fiestas, en el garaje, con todo el mundo tocando la guitarra y cantando, y cada uno de los *hippies* haciendo lo suyo, tocando la música que podía, y todos lo disfrutaron. Este es un ejemplo del deseo de comunidad que está por todas partes. Precisamente por esta razón debemos vivir en comunidad.

Eberhard Arnold dice: «Todas las revoluciones, todas las comunas, todos los movimientos idealistas o reformistas [...] nos obligan a reconocer una y otra vez que solo hay un modo de transformar en realidad viva el deseo de comunidad que yace escondido en el corazón de todas las revoluciones: a través del ejemplo claro de la acción nacida de la verdad, cuando la acción y la palabra se vuelven una en Dios» y, por supuesto, una en Cristo. Nuestro Señor en la cruz es a la vez palabra y acción de Dios, y nos da el fundamento. «Tenemos la única arma que puede ser eficaz contra la inmoralidad existente hoy. Esta arma del Espíritu es el trabajo constructivo llevado adelante en una hermandad de amor». Esta es la verdadera base de la comunidad, dice.

Luego expone la idea de que no podemos ponernos sentimentales con respecto a la comunidad. Verdaderamente significa trabajar juntos.

> No reconocemos el amor sentimental, el amor sin trabajo. Tampoco reconocemos la dedicación al trabajo práctico si no da prueba diaria de una relación franca entre aquellos que trabajan juntos, una relación que proviene del Espíritu. El amor del trabajo, así como el trabajo del amor, pertenece a y proviene del Espíritu.

Lo que escribe acerca de la comunidad es verdaderamente bueno. Es realista y básico, y la presencia del Espíritu se prueba por medio del trabajo juntos en el amor hacia un propósito común. Esto, por supuesto, está atado al gran propósito de la iglesia actual que el Concilio enfatizó tan fuertemente en *Gaudium et spes* [Alegría y esperanza], y a la idea de Teilhard de Chardin[4], construir el nuevo mundo, colaborar con la plenitud de la madurez, la adultez del hombre. Arnold dice lo siguiente:

Nos comprometemos con Jesús y con la forma de vida del cristianismo primitivo, porque en ella las necesidades externas de las personas eran atendidas tanto como las internas. En ella, el cuerpo y la tierra jamás eran menospreciados y, a la vez, también se atendían el alma y el espíritu. Cuando las personas preguntaban a Jesús cómo luciría la futura justicia de Dios, él señalaba sus acciones: los cuerpos enfermos eran sanados, los muertos eran levantados de su tumba, los demonios eran expulsados de los cuerpos atormentados y el mensaje de alegría era llevado a los más pobres entre los pobres. Este mensaje significa que el reino invisible del futuro está ahora cerca y verdaderamente se está haciendo realidad. Dios se está volviendo hombre, Dios se está volviendo carne y, por fin, la tierra será ganada para él, toda y completa.

4 Pierre Teilhard de Chardin, 1881–1955, científico y teólogo católico francés.

Estamos ganando la tierra completamente para Dios al experimentar la vida del amor y trabajando juntos con su poder para transformar el mundo. Este es un concepto cristiano verdaderamente profundo que subyace a todo lo que sucede en nuestra vida, y eso es la contemplación. La contemplación es la realización de Dios en nuestra vida, no solo la realización de una idea o algo parcial, sino la realización del todo, la realización del hecho de que le pertenecemos completamente a él y que él se nos ha dado completamente. Todo ha sucedido y está sucediendo ahora.

Debemos darnos cuenta de que no vemos realmente esto. Sucede, y lo vemos y no lo vemos. Obtenemos vistazos de ello, creemos en ello, nuestra vida está basada en ello y a veces parece estar en completa contradicción o ser imposible y, sin embargo, ahí está. Es el lugar al que siempre estamos regresando. ¿Qué dijo San Pablo?

Por eso, también yo, al tener noticia de vuestra fe en el Señor Jesús y de vuestra caridad para con todos los santos, no ceso de dar gracias por vosotros recordándoos en mis oraciones, para que el Dios de nuestro Señor Jesucristo, el Padre de la gloria, os conceda espíritu de sabiduría y de revelación para conocerle perfectamente; iluminando los ojos de vuestro corazón para que conozcáis cuál es la esperanza a que habéis sido llamados por él. (Ef 1:15-18)

Todo está atado a la esperanza y la esperanza es lo que no vemos. Es una esperanza que está presente, pero en la invisibilidad. De algún modo, lo sabemos y no lo sabemos.

Cuál la riqueza de la gloria otorgada por él en herencia a los santos y cuál la soberana grandeza de su poder para con nosotros, los creyentes, conforme a la eficacia de su fuerza poderosa que desplegó en Cristo, resucitándole de entre los muertos y sentándole a su diestra en los cielos por encima de todo Principado, Potestad, Virtud, Dominación. (Ef 1:18-21)

Esto es muy importante. Cuando leemos a San Pablo, una vez cada tanto nos cruzamos con una cantidad de poder, autoridad y dominio, y tendemos a deslizarnos a través de eso. Pero es muy importante, porque la oración es nuestra verdadera libertad. Es la liberación de la alienación acerca de la cual he estado hablando.

Es en la oración donde somos verdadera y completamente nosotros mismos, y no estamos bajo ningún otro poder, autoridad o dominio. Debemos ver qué significa.

Bajo sus pies sometió todas la cosas y le constituyó Cabeza suprema de la Iglesia, que es su Cuerpo, la Plenitud del que lo llena todo en todo. (Ef 1:22-23)

Debemos leer una y otra vez este pasaje a lo largo de la vida. Es el único modo de que podamos llegar a alguna parte. No basta con que lo leamos unas pocas veces y luego lo leamos con un comentario. Hay que volver una y otra vez a él, y es posible que después de cincuenta años de rumiarlo comencemos a ver qué significa.

Epílogo

Eberhard Arnold (1883-1935) fue un prominente pastor, teólogo y pacifista alemán. Durante el período de entreguerras escribió varios textos que dan amplio testimonio de su profunda comprensión de la iglesia en tanto el cuerpo vivo de Cristo.

En 1920, aventurándose a un futuro incierto y abandonando riqueza, seguridad y una carrera cada vez más notoria, Eberhard, su esposa Emmy y sus cinco hijos se mudaron de Berlín a Sannerz, una aldea en Alemania central, donde fundaron una pequeña comunidad de familias y personas solteras sobre la base de las prácticas de la iglesia primitiva tal como se las describía en el Nuevo Testamento. Emmy describe vívidamente sus aventuras en su memoria, *Un camino gozoso.*

A pesar de la persecución de los nazis, la agitación de la Segunda Guerra Mundial y los tiempos de luchas internas, la comunidad sobrevivió. El Bruderhof («lugar de los hermanos») ahora tiene más de una veintena de comunidades alrededor del mundo.

La misión de la comunidad es dar testimonio de Jesús y su evangelio, y seguir sus enseñanzas, especialmente en lo concerniente al amor fraternal, el amor a los enemigos, el servicio mutuo, la no violencia y el rechazo a portar armas, la pureza sexual y la fidelidad en el matrimonio.

Los miembros provienen de varios países, razas y condiciones sociales, pero todos son hermanos y hermanas en Cristo. No tienen propiedad privada, pero comparten todo del mismo modo en que los primeros cristianos lo hacían tal como está narrado en el libro de los Hechos, capítulos 2 y 4. Cada miembro ofrece su talento, su tiempo y su esfuerzo, según sea necesario. La comunidad se reúne diariamente para las comidas, las oraciones, el culto, el canto y la toma de decisiones.

Los huéspedes son bienvenidos en todas las comunidades del Bruderhof. Para obtener más información o para coordinar una visita, diríjase a *bruderhof.com*.

Otros libros de Plough

La irrupción del reino de Dios
Escritos esenciales de Eberhard Arnold

Eberhard Arnold

La revolución de Dios
La justicia, la comunidad y el reino venidero

Eberhard Arnold

El testimonio de la iglesia primitiva

Eberhard Arnold

Discipulado
Vivir para Cristo en la vida cotidiana

Johann Heinrich Arnold

Convivencia radical
Espiritualidad para el siglo 21

John Driver

La violencia del amor

Óscar Romero

El Dios que sana
Palabras de esperanza para tiempos de
enfermedad y sufrimiento

**Johann Christoph Blumhardt
y Christoph Friedrich Blumhardt**